100 rECETAS
difERENTES dE
ArroZ

ÍNDICE

INTRODUCCION 100 RECETAS DIFERENTES DE ARROZ................. 15

1. ARROZ CON SALMON 17
2. ARROZ MARRON CON ALMEJAS 18
3. ARROZ MARRON CON SALMON Y BROCOLIS 19
4. ARROZ Y HABICHUELA CON SALMON 20
5. TORTA DE ARROZ CON PAVO 21
6. ARROZ CON SARDINA..................................... 22
7. ARROZ CON CAMARONES 23
8. ASOPADO DE ARROZ CON CAMARONES 24
9. ARROZ CON POLLO Y GANDULES GUISADO 25
10. ARROZ CON HABICHUELA Y POLLO AL HORNO 26
11. ARROZ CON GANDULES Y SARDINAS 27
12. ARROZ CON HABICHUELA Y CARNE DE OVEJA 28
13. ARROZ CON JUGO DE LANGOSTA Y HABICHUELA 29
14. ASOPADO DE ARROZ CON LANGOSTA 30
15. ARROZ CON TUNA FRESCA 31
16. ARROZ CON VEGETALES 32
17. ARROZ GUISADO Y POLLO AL HORNO...................... 33
18. ARROZ GUISADO CON PESCADO TILAPIA 34
19. ARROZ CON GANDULES Y SALMON........................ 35
20. REPOLLO ENVUELTO CON ARROZ......................... 36
21. ARROZ CON VACALAO FRESCO............................ 37
22. ARROZ CON VEGETALES Y SEMILLAS...................... 38
23. ARROZ CON GUINEAS (esta es familia de la gallina) 39
24. ARROZ CON JAMON DE PAVO Y GARBANZO 40
25. ARROZ CON CALABAZA Y VEGETALES.................... 41
26. ARROZ CON COCO Y POLLO.............................. 42
27. ARROZ CON SEMILLAS DE CAJUILES Y ALMENDRA 43
28. ARROS CON COCO Y POLLO AZADO 44
29. ARROZ CON TUNA FISH................................... 45
30. ARROZ CON ALMEJAS Y CAMARONES..................... 46
31. OTRO ARROZ CON SALMON Y COCO....................... 47
32. ARROZ CON PAVO Y CALABAZA 48
33. ARROZ CON COCO Y CAMARONES 49
34. ARROZ CON LANGOSTA Y LECHE DE COCO. 50
35. ARROZ CON PAVO MOLIDO Y
    LECHE DE COCO Y CALABAZA............................ 51
36. ARROZ CON ALMENDRA, COCO Y BROCOLIS 52

37. ARROZ CON QUESO Y CALABAZA...53
38. ARROZ PAELLA A LA FRANCESA..54
39. ARROZ CON APIO Y POLLO 55
40. ARROZ GUIZADO CON BERENJENA...56
41. ARROZ AL ESTILO CON LAGOSTA...57
42. ARROZ CON PALMITO Y POLLO MOLIDO 58
43. ARROZ CON PALMITO Y CAMARONES..59
44. ARROZ, PALMITO, TUNA FISH Y CALABAZA 60
45. ARROZ CON PECHUGA DE POLLO Y BROCOLIS.....................61
46. ARROZ CON ALMEJAS 62
47. ARROZ CON PAVO MOLIDO, CALABAZA 63
48. ARROZ CON CONCHA Y VEGETALES 64
49. ARROZ SAZONADO Y ALBONDIGA DE PAVO.............................65
50. TORTA DE ARROZ, TRIGO, PAVO Y VEGETALES 66
51. ARROZ, FRIJOLES Y VEGETALES..67
52. ARROZ SEMILLAS Y VEGETALES..68
53. ARROZ CON CHORIZOS HECHO POR USTED 69
54. ARROZ CON FRIJOLES, CHORIZO..70
55. ARROZ TOMATE Y MOSARELLA Y ALMENDRA.........................71
56. LOCRIO DE ARROZ CON BACALAO 72
57. ARROZ, FRIJOLES OJO NEGROS Y PAVO O POLLO MOLIDO....73
58. ARROZ, CHORIZOS Y GANDULES...74
59. ARROZ CON JUEYES Y VEGETALES...75
60. ASOPADO DE ARROZ, POLLO Y CHORIZO. 76
61. ARROZ CON ABAS POLLO Y VEGETALES......................................77
62. ARROZ JUEYES MOLIDO Y VEGETALES..78
63. SOPA DE ARROZ, POLLO Y VEGETALES..79
64. ARROZ JAIVA Y VEGETALES...80
65. ARROZ CON JUGO DE LANGOSTA Y..81
66. ARROZ CON POLLO BROCOLIS MOLIDO.....................................82
67. ARROZ CON POLLO ASADO Y CALABAZA 83
68. ARROZ GUISADO CON QUIPER 84
69. ARROZ CON SEVICHE DE SALMON 85
70. ARROZ COMO POSTRE ESPECIAL..86
71. ARROZ CON GUINEA 87
72. ARROZ CON MAIZ Y POLLO Y OTROS VEGETALES 88
73. ARROZ CON SALSA DE PAVO Y POLLO 89
74. ARROZ CON GALLINA Y ALGUNOS VEGETALES. 90
75. ARROZ CON HIGADO DE POLLO Y VEGTALES 91
76. ARROZ AL ESTILO DE PIZZA 92
77. ARROZ CON LONGANIZA 93

78. ARROZ CON MOLLEJA DE POLLO Y VEGETALES 94
79. EL SUPION CRIOLLO DE ARROZ..95
80. ASOPADO DEARROZ Y PECHUGA DE GUINEA 96
81. ARROZ CON MACARELA Y CALABAZA 97
82. ARROZ CON CHICHARRONES DE POLLO Y BROCOLIS 98
83. ARROZ CON PATO...99
84. ARROZ CON SALMON ENVUELTO EN REPOLLO...................100
85. ARROZ ENVUELTO EN COLE, POLLO Y ALMEJAS 101
86. ARROZ ENVUELTO EN REPOLLO, SALMON,
    LANGOSTA Y ALMEJA 102
87. ARROZ ENVUELTO EN REPOLLO CON
    CHICHARRONES DE POLLO 103
88. ASOPADO DE ARROZ, LANGOSTA Y
    ALMEJAS Y VEGETALES LATINA..104
89. ASOPADO DE ARROZ, JUEYES (CANGREJO) Y GANDULES......105
90. ARROZ CON FAISAN Y VEGETALES 106
91. LA PIZZA DE ARROZ VEGETARIANA 107
92. LA PAELLA DEL SIGLO 108
93. LA PIZZA AGRACIADA DE ARROZ...109
94. LA PIZA PARA LOS DOS...110
95. LA GRAN PAELLA AMERICANA 111
96. LA PIZA DE DEL JARDIN DE ORO 112
97. TODO EN UN SOLO PLATO...113
98. EL SABROSÓN DEL DÍA 114
99. LA COMIDA DE LAFIESTA..115
100. EL ARROZ DE LA NAVIDAD 116

ALGUNAS SUGERENCIAS Y OBSERVACIONES DE INTERES...........117
BIOGRAAFÍA 121

Gracias a Jim Popea, Corina Palacio, sin la cooperación de ellos hubiera sido imposible la publicación de este humilde tratado.

DEDICATORIA

A mis seis Diamantes.

A DIOS SEA LA GLORIA.

INTRODUCCION 100 RECETAS DIFERENTES DE ARROZ

Estas 100 recetas de platos diferentes de arroz. Son escritos con el gran propósito de ayudar en la salud. En un mundo de tantas bacterias, las cuales Pueden quitarle el existir, es muy necesario que cuando se cocina; pensar primeramente como matar bacteria. En cada receta vamos a usar los ingredientes naturales para si hay alguna bacteria, ellas puedan desaparecer. De acuerdo a las investigaciones que se han hecho, las mayorías de los que cocinan, nunca piensan en matar las bacterias. Esta es una de las razones por las cuales muchas personas se envenenan.

Me he dispuesto a usar los ingredientes naturales en cada plato para que el lector pueda cocinar estos platos, sin miedo y sin temor. Voy a nombrar estos ingredientes ahora, con el fin de que el lector pueda gravar en su mente estos ingredientes y así pueda usarlos sin olvidar uno de ellos. Ellos son:

Ajo, Ajíes, Cebolla, Orégano, Pimienta, Jengibre, Cilantro, Apio, Limón, Naranja agria, Romero, pimienta, malagueta, bija,

Las mayorías de estos Uds. lo pueden plantar en su patio. Mi esposa y yo plantamos nuestros ingredientes en una forma bien natural. De esa manera no usar preservativos. El aceite que se use en estos platos debe de ser aceite de oliva extra virgen o de canola.

No debe de usarse mucha cantidad de aceite. Recuerde Ud. que todos los extremos no ayudan a la salud.

No se debe de vivir una vida miserable, de acuerdo a las investigaciones de varias universidades, han llegado a un común acuerdo, que nuestra dieta debe de ser vigilada y que de acuerdo a como comemos, vivimos.

Dijo un filosofo: " Moño bonito aguanta jalones" con esto quiero

decir: si queremos vivir saludable, debemos dedicarle tiempo para hacer nuestra comida. En otro tratado que escribí titulado: Una Pedagogía Extravagante. Dije que vamos a la escuela para educarnos; pero no vamos a la Escuela para educarnos de como criar nuestros hijos. En este tratado titulado 100 Platos Diferentes de Arroz, digo lo siguiente: Nos educarnos asistiendo a la escuela, pero no vamos a la escuela para educarnos como comer. En este humilde tratado quiero llevar a la mente del lector, que es ahora que debemos comenzar a comer sanamente mientras tenemos el tiempo y no esperar cuando ya sea tarde para empezar. Un filosofo desconocido dijo: "Cuando Malaya viene, viene en el caballo cansado" dejando saber en esta ilustración, que las mayorías de las veces venimos a practicar las cosa que nos hacen bien, cuando ya es tarde. Las mayorías de las veces, siempre decimos: mañana y a veces ese mañana se frisa y nunca llega. Es necesario esforzarse y convencerse a uno mismo y sacar el tiempo para hacer nuestra comida. Mi esposa y yo vivimos una vida bien ajustada en cuanto al tiempo muy bien ocupado, pero no dejamos que el tiempo se apodere de nosotros. Solo se necesitan 20 minutos un día sí y otro no para cuidar de nuestros sembrados en el patio. Así cosechamos nuestros vegetales y los ingredientes que usamos para sazonar nuestra comida. Con la experiencia que ya tenemos, en 45 minutos preparamos nuestra comida. Muchos comen en los restaurantes casi todos los días. Y con especialidad van a los restaurante que preparan la comida rápidamente. Ese tiempo puede ud. usarlo para preparar su comida. No crea Ud. que estoy en contra de los restaurantes. Me gustan mucho. Cuando nuestros hijos estaban pequeños íbamos con frecuencia a los restaurantes para celebrar toda clase de ocasión. Celebrábamos los cumpleaños, graduaciones y varias ocasiones. Adjunto Llevábamos los amigos de nuestros hijos a comer a los restaurantes. Siempre escogíamos el restaurante que nos hacían la comida como se la pedíamos. Pedíamos extra ajo, cebolla, ají y extra bien cocinada. Recomiendo esto a ustedes para que si hay bacteria, estos ingredientes la hagan desaparecer. Cuando voy con mi esposa o invito a alguien a comer en los restaurantes, me aseguro de llevar un grano de ajo para echarle a mi plato. El ajo es un gran ingrediente para matar las bacterias. Tengo un amigo que ya se jubilo y usa su tiempo para investigar el comportamiento de algunas aves las sigue desde que salen del Sur de los Estados Unidos hasta que llegan a América del Sur. El me dice que siempre lleva ajo no solo para ponérsela a la comida sino al agua también. De esa manera si hay bacteria en el agua, el ajo la mata. Muchas gentes tienen miedo al ajo por el olor. El Dr. Ronald Davison dice: " ¿que cosa es mejor oler a ajo o vivir una vida miserable?" En la Ciudad de New York el era nuestro Doctor. Desde el año 1975 el nos enseño a comer. Una vez comí una comida que me hizo daño y el Dr. Davison me recomendó que tomara dos cucharadas de vinagre de manzana. No el que venden en el mercado, sino el que venden en la tienda de salud.

ARROZ CON SALMON

- 1 libra de arroz marrón, hervirlo hasta que se ablande bien

- Media libra de Salmon. Ponerle un limón,

- 1 Cebolla bien picada y un tomate

- 3 dientes de ajo bien molido

- 1 ají

Oregano al gusto

- un pedazo de jengibre molido

- sal del mar al gusto no mucha

- 6 cucharadas de Aceite de Oliva Virgen

Todos los ingredientes los cocina con el Salmon por 20 minutos. Luego lo echa a la libra de arroz ya cocinada por 15 minutos.

Se sirve con una ensalada de Lechuga romana, Brócolis, cebolla piscada, tomate y rábanos. La sazona con un limón 2 cucharadas de aceite de oliva extra virgen, un diente de ajo molido un cuarto de cucharadita de orégano.

El postre un cuarto de papaya con un cuarto de libra de dulce de guayaba.

Para refresco use un limón y jugo de manzana saludable.

2. ARROZ MARRON CON ALMEJAS

- 1 Libra de arroz marrón se pone a hervir hasta ablandarlo

- Media libra de almejas, se limpian bien con limón

- El jugo de un limón entero o lima este tiene más jugo

- Media cebolla de la oscura, si no la encuentra use una regular

- 2 dientes de ajo fresco bien molido.

- 1 ají picado en pequeños pedazo

- 7 cucharadas de aceite de olivas extra fino

- 3 pimientos molido. Es opcional

- Un poquito de sal al gusto. Debe de ser del mar.

- 12 olivas y 2 cucharadas de alcaparra.

- 3 granos de malagueta bien molida.

Todos estos ingredientes lo cocina al fuego por 20 minutos lo echa a la libra de arroz ya hervida y lo pone juntos al fuego otra vez por unos 5 minutos, para darle chance al arroz para que coja el gusto de todos los ingredientes con la almeja.

Se sirve con una ensalada de Brócolis hervido y vainita tierna de habichuela. Póngale media cebolla picada. El sazón debe de ser natural. El jugo de un limón, 1 diente de ajo molido, 2 cucharadas de aceite de oliva extra virgen, un pedacito de ají molido y un poquito de orégano.

EL POSTRE. Dos batatas horneada, le pone un poquito de canela molida y vainilla natural al gusto. REFRESCO Jugo de limón con 4 cucharadas de miel pura y agua la necesaria

3. ARROZ MARRON CON SALMON Y BROCOLIS

- 1 libra de arroz, se pone a hervir por 25 minutos

- 1 cuarto de libra de brócolis

- 1 libra de salmon

- Medio ají picadito

- El jugo de un limón lima

- 2 dientes de ajo fresco molido

- Media cebolla bien picada

- Un cuarto de cucharadita de orégano

- Una pimienta molida

- Una malagueta molido

- 7 cucharadas de aceite fino extra virgen

- Un pedacito de Jengibre bien molido

- 8 aceitunas sin semilla.

Se pone el salmón con los ingredientes encima del arroz ya hervido por 20 minutos a hervir a fuego lento.

La ensalada: repollo de color hervido, lechuga romana, tomates Se le saca las semillas. Ingredientes: jugo de limón, un granos de ajo, 2 pimientas molidas, jugo de cebolla, agua al gusto, sal al gusto.

Refresco: Jugo de manzana natural o hecho por usted.

4. ARROZ Y HABICHUELA CON SALMON

- 1 Libra de arroz marrón lo pone a hervir hasta que se ablande

- Media libra de habichuela la pone a hervir hasta que se ablande

- Media libra de salmón. Que sea del Oceano

- Jugo de un limón o lima lo pone al salmón

- Media cebolla bien picada

- 2 dientes de ajo bien molido

- 10 hojitas de romero bien molido

- 2 malagueta bien molida

- Un cuarto de cucharadita de orégano

- Un ají jalapeño o medio ají rojo y 5 tazas de agua

- 6 cucharadas de aceite fino extra virgen y sal al gusto

Pone todos estos ingredientes encima del arroz y la habichuela ya hervida y lo pone al fuego por 15 minutos.

La ensalada es 2 tomates y lechuga romana con 7 aceitunas grande.

El sazón es: jugo de un limón o lima, 1 pimienta molida y una malagueta molida, medio diente de ajo bien molido5 hojitas de romero molida 3 cucharadas de aceite fino extra virgen y sal del mar al gusto.

Refresco una batida de papaya y guineo con dos tazas de agua destilada y 5 cucharadas de miel de abeja sin procesar

5. TORTA DE ARROZ CON PAVO

- 1 Libra de arroz marrón la pone a ablandar

- 1 libra de pechuga limpia de pavo molida

- 1 ají bien molido

- 3 dientes de ajo bien molido

- 1 cebolla morada bien molido

- 7 cucharadas de aceite fino extra virgen

- Un cuarto de cucharada de orégano

- 12 alcaparras

- 10 aceitunas bien molidas 6 tazas de agua

Póngalo al horno con el arroz ya cocido todo mezclado. Lo que sobre lo guarda en la nevera para futuro día. Con estos ingredientes ellos sirven de preservativos naturales.

Ensalada de brócolis hervido a medio fuego

Sazón de un limón o lima, un grano de pimienta molida, un grano de malagueta bien molida un poquito de sal y una2 cucharadas de aceite fino extra virgen.

Refresco de un limón o lima un guineo, una manzana batida, y miel.

6. *ARROZ CON SARDINA*

- 1 Libra de arroz marrón lo hierve hasta ablandar. Si usa arroz

- Blanco, debe de lavarlo 6 veces para quitar el talco.

- 2 latas de sardina en aceite o en agua.

- 3 dientes de ajo molido

- Un ají rojo picado

- 2 tomates y sacar las semillas

- 1 cebolla bien picada

- 12 alcaparras

- 4 cucharadas de aceite fino extra virgen

- Orégano al gusto y 5 tazas de agua

Se ponen todos estos ingredientes encima del arroz ya cocido y las sardinas, al fuego lento por 20 minutos.

La ensalada, lechuga romana y acelga con 3 tomates encima.

El sazón es: un limón, 4 hojitas de romero bien molida, sal al gusto, un diente de ajo, una cuarta de cebolla molida y 2 cucharadas de aceite y un poquito de agua destilada.

El refresco debe de ser de 2 limones lima 4 tazas de agua 6 cucharadas de miel de abeja y 6 fresas bien molida.

7. ARROZ CON CAMARONES

- Libra de arroz marrón ponerlo a hervir hasta ablandar.

- Media libra de camarones. Hay que limpiarlo y sacarle todas las impurezas y ponerlo en baño de jugo de 2 limones lima. Luego se sofríe en el salten.

- 3 dientes de ajo bien molido

- Media cebolla picada

- 6 cucharadas de aceite fino extra virgen

- un jalapeño bien picado y sin la semilla o ají

- oregano al gusto

- Una pimienta molida

- Sal del mar al gusto

- 12 alcaparras y 5 tazas de agua.

Se mezcla todo y se echa con el arroz y los camarones juntos y se pone al fuego lento por 20 minutos.

La ensalada debe de ser de Aparrago hervido y repollo morado.

El sazón debe de ser de un limón, una malagueta molida, un diente de ajo molido, orégano al gusto, sal al gusto, 3 cucharada de agua y dos cucharadas de aceite fino extra virgen.

Refresco batido de 7 fresas, medio limón, 5 cucharadas de miel cruda y 3 tazas de agua.

8. ASOPADO DE ARROZ CON CAMARONES

- Media libra de arroz marrón. Se hierve hasta ablandar 6 tazas de agua

- Media libra de camarones. Se limpian y se sacan todas las impurezas.

- El jugo de dos limones lima se pone en los camarones

- 3 dientes de ajo bien molido

- Un cuarto de ají en pedacitos

- Media cebolla picada

- 6 cucharadas de aceite fino extra virgen

- 12 alcaparras

- Sal del mar al gusto

- Oregano al gusto

Se mezcla todo y se pone al fuego lento por 30 minutos.

Ensalada de lechuga romana con brócolis, media cebolla y 12 aceituna grandes. El sazón anterior

Refresco una limonada con miel de abeja.

9. ARROZ CON POLLO Y GANDULES GUISADO

- 1 libra de arroz marrón se hierve hasta ablandar

- 2 latas de gandules

- 2 dientes de ajo molido

- 3 pechuga limpia de pollo, se hornea y luego se corta en dos cada una. Se echa a hervir con el arroz

- Media cebolla morada bien picada

- 1 ají rojo

- 1 tomate grande bien picado, se le saca todas las semilla

- 10 aceitunas picada

- 5 taza de agua

- 2 hojas de laurel

- 7 cucharadas de aceite extra virgen

- Sal al gusto

30 minutos a l fuego lento.

Ensalada de lechuga romana con tomate, rábano y aceituna. Use el sazón de las recetas anteriores.

Refresco: Jugo de limón al gusto, 6 fresas, 6 cucharadas de miel de abeja Cruda y agua al gusto.

ARROZ CON HABICHUELA Y POLLO AL HORNO

- 1 libra de arroz se pone a ablandar

- Media libra de habichuela y se pone a ablandar.

Cuando estos están ablandados se unen los dos, con 6 cucharadas de aceite fino extra virgen, ajo al gusto, media ají, media cebolla, orégano, sal al gusto.se pone al fuego por 22 minutos.

Se toma una libra de pechuga de polio, se sazona con ajo, cebolla, un jalapeño sin semilla, bien picado, orégano al gusto, sal al gusto, al horno por 45 minutos. 5 minutos antes de sacarlo, se le echa un poco de la salsa que se usa para sazonar la ensalada.

Ensalada, Brócolis hervido, repollo hervido y tomate. Sazón de los anteriores platos.

Refresco, batida de guayaba en leche 1 % o dentada; 6 cucharada de miel Cruda y media cucharita de vainilla natural.

11. ARROZ CON GANDULES Y SARDINAS

- 1 Libra de arroz marrón, hervirlo hasta ablandar.

- 2 latas de gandules

- 2 latas de sardina

- 2 dientes de ajo

- Una cebolla bien picada

- Sal del mar al gusto

- 12 alcaparras

- Orégano al gusto

- 2 tomates bien picado y sin semillas

Se pone todo esto encima del arroz y los gandules al fuego por 30 minutos.

La sardina se ponen a un lado con cebolla y vinagre orgánico de cidra y limón.

Ensalada de lechuga romana, tomate y 12 aceituna grande.

Refresco, Limón y agua al gusto con 7 cucharadas de miel de abeja Vainilla al gusto.

12. *ARROZ CON HABICHUELA Y CARNE DE OVEJA*

- 1 Libra de arroz marrón hervirlo hasta ablandar

- 3 cuartos de libra de habichuela. La pone en agua una noche antes y la pone a ablandar. Cuando el arroz y las habichuelas están cocida, la junta, pone un cuarto de ají molido, un poco de cilantro, 2 dientes de ajo, orégano al gusto, media cebolla picada, una pimienta molina y 6 cucharadas de aceite fino extra virgen. 2 tomates. Los pone al fuego lento por 30 minutos.

- 1 libra de carne de oveja. Saca toda grasa y la pone en baño de limón, una pimienta molida, 2 granos de ajo molido, un cuarto de cebolla y sal al gusto. La pone al horno por 23 minutos. Para economía use un hornito eléctrico.

La ensalada lechuga romana. tomate, acelga y 10 aceitunas grandes. El sazón debe de ser de limón lima, 5 cucharadas de agua, 3 cucharadas de aceite fino, una malagueta molida y una de pimienta molida y 2 granos de ajo molido.

El postre, una libra de batata dulce, le pone 3 cucharadas de miel cruda de abeja, canela al gusto, 2 cucharadas de aceite fino extra virgen. La hornea por 20 minutos.

Refresco, el jugo de dos naranjas 3 tazas de agua, 6 cucharadas de miel de abeja curda y vainilla al gusto.

13. ARROZ CON JUGO DE LANGOSTA Y HABICHUELA

- 1 libra de arroz marrón la pone a hervir hasta quedar cocido

- Una cola de langosta, bien molida, le pone el jugo de un limón, 2 granos de ajo bien molido, una pimienta bien molida, medio jalapeño, saca las semillas, media cebolla picadita y 6 cucharadas de aceite fino extra virgen

- 2 tomates sin semillas. Se pone todo esto y se mescla con el arroz ya cocido y se pone al fuego lento 25 minutos.

- 1 libra de habichuela la pone en agua una noche antes y la pone al fuego hasta que estén blanditos. La guisa poniéndole el jugo de dos tomates, 2 granos de ajo, un cuarto de cebolla, sal al gusto y medio jalapeño molido sin la semilla y 4 cucharadas de aceite fino extra virgen. Pone todos estos ingredientes juntos en las habichuelas y lo pone al fuego por 10 minutos.

Ensalada, brócolis hervidos, 12 aceitunas grande, un ají verde picado.

El postre media papaya, 10 fresas y 23 almendras.

El sazón que se uso en la receta anterior.

Refresco opcional. El jugo de 2 limones 5 tazas de agua y 7 cucharadas de miel de abeja curda y vainilla natural al gusto

14. ASOPADO DE ARROZ CON LANGOSTA

- 1 libra de arroz ablandarlo al fuego primero

- Una cola de langosta, limpiarla y molerla y ponerla en jugo de limón, orégano, una pimienta, media cebolla picada en pedacitos pequeño.

- 2 granos de ajo molido, medio jalapeño molido.

- Cilantro al gusto.

- 6 cucharadas de aceite fino extra virgen. Sofreír antes de mezclarlo con el arroz

- 6 tazas de agua y mezclarlo con el arroz y ponerlo al fuego lento por 25 minutos.

ENSALALDA brócolis hervido por 10 minutos, 12 aceituna grande sin semillas, 2 tomates sin semillas.

SAZON use el mismo que se ha usado en los platos anteriores.

REFRESCO El jugo de 2 limones 7 cucharadas de miel de abeja y vainilla al gusto.

15. *ARROZ CON TUNA FRESCA*

- 1 libra de arroz marrón se pone a hervir hasta que se ablanda.

- Media libra de tuna pescado, se pica en pedacito y se pone en baño de limón.

- Ajo a gusto.

- Cebolla al gusto.

- Orégano al gusto.

- 1 pimienta molida.

- 2 tomates picado en pedazos pequeños

- 6 cucharadas de aceite fino extra virgen.

- Sal al gusto

Se mezcla con el arroz y se pone al fuego lento por 25 minutos.

La ensalada debe de ser lechuga romana, Brocolis hervido, tomate y aceitunas el mismo que ha usado en los platos anteriores.

Refresco de mango.

Postre papaya y dulce de guayaba.

16. ARROZ CON VEGETALES

- Una libra de arroz marrón, lo pone a hervir hasta ablandar

- Media libra de calabaza

- 3 onzas de brócolis

- Un chayote picadito en pedazos pequeños

- Una papa en colores picadita en pedazos pequeños

- Medio ají bien picado en pedazos pequeños

- Medio jalapeño sin semilla y bien molido

- Una lata de gandules

- 6 cucharadas de aceite fino extra virgen

- Sal al gusto

- 10 alcaparras

- Dos dientes de ajo molido

- Dos tomates sin semilla

Lo pone al fuego con el arroz ya cosido por 14 minutos.

LA ENSALADA LECHUGA Y ACELGA la sazona con el sazón de los otros platos de ensalada.

REFRESCO El jugo de 2 limones, vainilla al gusto, el jugo de 6 fresas y miel de abeja al gusto.

17. *ARROZ GUISADO Y POLLO AL HORNO*

- 1 libra de arroz marrón cocerlo primero y después que esta cocido echarle los ingredientes

- Medio ají rojo

- 3 dientes ajo.

- Media cebolla.

- Sal al gusto.

- 1 tomate

- Media libra de calabaza picada en pedacitos pequeños.

Ponerlo al fuego lento por 27 minutos con el arroz ya cocido.

El pollo antes de ponerlo al horno, el pellejo y ponerlo en una hoya con jengibre molido en agua, sal al gusto y ponerle 3 dientes de ajo molido, media cebolla molida, una pimienta molida, media cucharada de orégano, un jalapeño sin semilla molido, 6 alcaparra molida. Se pone al fuego lento por 45 minutos minutos. ESTO ES BIEN DELICIOSO.

La ensalada es: lechuga romana, tomate, y brócolis. Use el mismo sazón usado anteriormente.

El postre es batata dulce al horno con miel de abeja al gusto.

El refresco Tamarindo endulzado con miel de abeja al gusto o azúcar marrón.

18. ARROZ GUISADO CON PESCADO TILAPIA

- 1 libra de arroz marrón, se pone a hervir hasta ablandarse.

- Media libra de camarones, se lavan y se le quita toda impureza y se ponen en baño de limón junto con el pescado de tilapia. Estos se cocina aparte, usando los mismos ingredientes que usa para el arroz.

- Los siguientes ingredientes son para el arroz.

- Una cebolla.

- 3 diente de ajo.

- Media cucharadita de orégano.

- 2 pimientas molidas.

- Jengibre al gusto.

- 1 jalapeño sin semillas.

- Un tomate molido

- 10 alcaparras

Se pone al fuego lento por 30 minutos. De acuerdo con el Dr. Davison, con este procedimiento, si había bacteria, esta muere. Luego se toman los camarones después de sacarlos del horno y se mezclan con el arroz ya cocido y se le echan los ingredientes ya mencionados, al gusto.

Ensalada: Pepinos, Lechuga Romana, 8 rábanos y 12 aceitunas. Se sazona con los ingredientes mencionados en las otras ensaladas. Refresco: Una batida de papaya con leche 1% desnatada y miel al gusto y vainilla al gusto.

19. ARROZ CON GANDULES Y SALMON

- 1 libra de arroz marrón se pone a hervir hasta ablandar

- 2 lata de gandules y se junta con el arroz ya cocido.

- Media cebolla picada.

- 3 dientes de ajo molido.

- Medio ají.

- 1 jalapeño sin semilla

- 2 pimientas molidas.

- 1 libra de salmón

- Cebolla, ajo y orégano al gusto

El salmón se pone en baño de limón, cebolla, ajo, orégano y se ponme al horno por 30 minutos,

Entonces se sirve.

ENSALADA

Lechuga romana, 2sanahorias, 12 aceitunas y el sazón ya mencionado en las ensaladas anteriores.

REFRESCO

Papaya batida con leche 1% y miel de abeja al gusto canela, al gusto y vainilla al gusto.

20. REPOLLO ENVUELTO CON ARROZ

- 1 libra de arroz se pone a hervir hasta ablandar

- Media libra de pavo molido o pollio.

- Cebolla, ajo, ají, aceituna, alcaparra, limón, y un jalapeño, sal, todos los ingredientes al gusto.

Todo se mezcla con el pavo molido y se envuelve con el arroz en las hojas de repollo y se pone a hervir por 30 minutos a fuego lento.

ENSALADA

Lechuga, tomate y brócolis, aceitunas.

El sazón del las anteriores ensalada

REFRESCO

Batida de papaya, 2 tazas de agua y 2 tazas de leche 1% miel de abeja al gusto y vainilla.

21. ARROZ CON VACALAO FRESCO

- 1 libra de arroz se pone a hervir hasta ablandar

- 1 libra de bacalao se pone en baño de limón y vino de cidra orgánico, luego se corta en pedazos y se le pone al arroz.

- Estos diferentes ingredientes se juntan con el arroz y se pone todo con el bacalao, al fuego lento por 20 minutos.

- 2 dientes de ajo.

- Media cebolla blanca.

- 5 alcaparra molidas.

- Sal al gusto.

- 2 cucharadas de aceite fino extra virgen.

- Medio jalapeño.

- 2 tomates sin semilla

- 2 dientes de ajo.

REFRESCO

Una batida de mango con dos tazas de agua y miel de abeja al gusto.

22. ARROZ CON VEGETALES Y SEMILLAS

- 1 libra de arroz

- 2 onzas de almendra, 2 onzas de flor del sol, 2 onzas de pican

- Media libra de calabaza hispana

- Aceitunas.

- 4 alcaparra.

- 1 jalapeño sin semilla

- Media cebolla bien picada.

- 3 dientes de ajo molido

- 1 ají bien picado.

- 5 cucharadas de aceite fino extra virgen.

- Sal al gusto.

- 2 tomates sin semillas y picado en pequeños pedazos

Todo se echa a hervir con el arroz hasta ablandar.

ENSALADA: Lechuga romana, tomate, brócolis y 6 aceitunas sin semillas. Sazón del que se uso en las ensaladas anteriores.

POSTRE: 3 batatas mediana dulces, 3 cucharadas de miel y canela. Al horno hasta cocer.

REFRESCO: Batida de fresa con leche 1%, miel al gusto.

23. ARROZ CON GUINEAS (esta es familia de la gallina)

- 1 libra de arroz

- Media guinea se fríe con un poco de aceite fino extra virgen y Se le echa al arroz, con los siguientes sazones:

- 3 dientes de ajo molido media cebolla picada, medio ají picado, medio jalapeño picado, media cucharadita de orégano

- 2 tomates picado, sal al gusto, 8 aceitunas sin semillas 4 cucharadas de aceite fino extra virgen. Se pone a hervir por 30 minutos.

Ensalada: Lechuga romana, un chayote hervido, 2 tomates picado.

Postre: una libra de batata dulce al horno se le pone 3 cucharadas de miel de abeja. Re fresco: Limón al gusto, miel al gusto y agua, vainilla y canela al gusto.

24. *ARROZ CON JAMON DE PAVO Y GARBANZO*

- 1 Libra de arroz

- Media libra de garbanzos se pone a ablandar con el arroz

- Media libra de jamón de pavo después que el arroz y los gavanzos están blanditos se echa el jamón de pavo y se le echa:

- Medio ají.

- Medio jalapeño.

- 2 tomates, 3 dientes de ajo.

- 7 aceitunas.

- 5 alcaparras.

- Media cebolla.

- Un limón.

- Sal al gusto.

- 6 cucharadas de aceite fino extras virgen.

- Se pone al fuego lento otra vez por 10 minutos.

ENSALADA-

Brócolis Cebolla morada, aceituna, rábano y sazón usando anterior, sal al gusto"

Postre: Pastel de zanahorias batata dulce, miel al gusto, canela y vainilla.

Refresco Limón al gusto, dos naranjas y agua con miel al gusto.

25. ARROZ CON CALABAZA Y VEGETALES

- 1 libra de arroz

- Media libra calabaza.

- 12 aceitunas

- 3 alcaparras

- 2 granos de ajo

- 1 cebolla molida

- 2 Tomates sin semillas picado en pedazos pequeños

- Sal al gusto

- Un cuarto de cucharada de orégano.

- Todo al fuego por 32 minutos.

ENSALADA

Lechuga romana, rábano y un aji Picado. Sazón del mismo anterior

Postre Arroz 4oz con dulce se salcocha bien el arroz, leche 1 % Vainilla, canela y azúcar marrón sin procedimiento. Re fresco Batida de papaya y guineo, miel al gusto y agua al gusto.

26. *ARROZ CON COCO Y POLLO*

- 1 libra de arroz se pone a hervir hasta estar blandido junto con el Coco molido se saca la leche y se junta con el arroz.

- 1 tomates,

- 8 aceitunas

- 3 granos de ajo, un jalapeño

- Un ají picado,

- Una cebolla molida

- 6 cucharadas de aceite fino extra virgen

- Sal al gusto,

- 1 pedacito de jengibre molido.

- Todo junto a hervir a fuego lento por 10 minutos.

ENSALADA: zanahoria, lechuga romana y acelga. El mismo sazon usado anteriormente.

POSTRE: batatas duce al homo con 4 cucharadas de miel, clavo duce y canela y pasa.

REFRESCO: Limón al gusto vainilla y miel al gusto y agua al gusto.

27. ARROZ CON SEMILLAS DE CAJUILES Y ALMENDRA

- 1 libra de arroz se pone a hervir hasta ablandar

- Un cuarto de libra se semilla de cajuiles

- Un cuarto de libra de almendra.

- 8 aceitunas sin semillas

- 2 tomates sin semillas picados

- Un cuarto de libra de calabaza para darle color.

- 2 dientes de ajo molido

- Media cebolla picada

- 6 cucharadas de aceite de oliva extra virgen

- Sal al gusto

- Un pedacito de jengibre bien molido

- Un jalapeño sin semilla.

- Se echa al arroz ya blandito y se pone al homo por 15 minutos.

ENSALADA: Brócolis, tomates, acelga y zanahoria. Use el mismo sazón anterior para la ensalada.

Refresco de Frambuesa, medio limón vainilla, agua al gusto y Miel de abeja al gusto.

Postre: 2 batatas dulces al horno con 3 cucharadas de miel, canela y vainilla al gusto.

28. *ARROS CON COCO Y POLLO AZADO*

- 1 libra de arroz

- 4 pechuga de polio, se usan los mismos ingrediente del arroz y se pone al horno por 55 minutos a 350 grados

- Un coco y se muele y saca la leche y la une al arroz

- Un ají 1

- Un jalapeño

- Una cebolla picada

- 3 dientes de ajo molido

- 10 aceitunas

- 2 alcaparra

- Un pedazo de jengibre pequeño molido

- sal del mar, al gusto

- 7 cucharadas de aceite fino extra virgen

- 2 tomates sin semillas, molido para dar buen color

Se toma todo y se pone a hervir hasta ablandar.

ENSALADA: Brócolis, zanahoria, tomate y aceituna. Use el mismo sazón anterior.

Postre Fresas, pera y manzana. Bien picada y se le pone 5 cucharadas de Miel de abeja.

REFRESCO Batida de melocotón y Jugo de naranja, agua al gusto y miel de abeja al gusto.

29. ARROZ CON TUNA FISH

- 1 libra de arroz marrón se pone a hervir hasta ablandar

- 1 lata de tuna, se une al arroz

- El jugo de un limón

- 3 dientes de ajo molido

- 1 cebolla molida

- Un jalapeño molido sin semilla

- 2 pimientas

- 10 aceitunas

- Un pedazo pequeño de jengibre molido

- Orégano

- Sal al gusto

Todo se echa al arroz ya cocido y se pone al fuego por 35 minutes.

ENSALADA: Lechuga romana, acelga y tomate. sazón usado en las ensaladas anteriores.

REFRESCO: Papaya y guayaba, leche 1% al gusto, Miel de abeja al gusto.

POSTRE: 2 batatas dulce al horno con 5 cucharadas de miel.

30. ARROZ CON ALMEJAS Y CAMARONES

- 1 libra de arroz marrón se pone a ablandar

- Media libra de almeja y un cuarto de libra de camarones, se pone a ablandar con el arroz hasta estar cocido.

- 3 dientes de ajo

- Orégano al gusto

- Un poquito de romero

- 2 hojas de laurel

- 5 cucharadas de aceite extra virgen

- Sal al gusto

- El jugo de un Limón

- 9 aceitunas molida

- Medio jalapeño

- Media cebolla.

Se echa A fuego por 10 minutos después de haber cocido el arroz y la Almejas.

Ensalada y el postre de la receta anterior.

31. *OTRO ARROZ CON SALMON Y COCO*

- 1 coco guayado y se saca la leche y se le echa al arroz.

- 1 libra de arroz se pone a hervir hasta ablandar

- un ají

- medio jalapeño

- 2 granos de ajo

- media cebolla

- sal al gusto

- 10 alcaparras molidas

- 1 libra de salmón se echa en jugo de limón, vinagre de cidra, leche de coco y se hornea para servirse con el arroz

- 2 tomates sin semillas y molido

- 1 cucharada de vinagre de cidra

- ajo al gusto

- cebolla al gusto

- 2 hojas de laurel

- sal del mar al gusto.

Se pone al horno por 20 minutos, Luego se pone encima del arroz ya cocido. Al fuego lento por 6 minutos. Asi el gusto del salmon ya horneado cae encima del arroz.

Ensalada, postre y refresco de los anteriores platos

32. ARROZ CON PAVO Y CALABAZA

- 1 libra de arroz marrón

- Media libra de pechuga de pavo molida, se sofrie y se le echa al arroz, 4 cucharadas de aceite fmo extra virgen Media cebolla molida,

- 3 dientes de ajo olido

- Orégano al gusto

- 2 pimienta molida

- 4 alcaparra molida

- Media libra de calabaza picada

- Medio ají

- Medio jalapeño

- Sal al gusto.

- Un ramo pequeño de romero.

- Se pone todo junto a cocer hasta ablandar.

ENSALADA Lechuga romana, 2 zanahoria picada, 2 tomates sin semilla, 10 aceitunas sin semilla. Sazón, use el mismo que ha usado anterior.

Postre. 2 manzanas picada, 2 banana madura picada, 10 fresas, 5 cucharadas de miel de abeja cruda sin proceso.

REFESCO Jugo de manzana.

33. *ARROZ CON COCO Y CAMARONES*

- 1 libra de arroz se pone a cocer hasta ablandar

- Media libra de camarones. Limpiarlo y sacarle las impurezas. Antes de echarlo al arroz, se ponen en limón y pimienta y vinagre orgánico de cidra. Una hora después se junta con el arroz a hervir.

- 1 limones

- La leche de un coco y se une al arroz y los camarones

- 2 dientes de ajo molido

- 1 cebolla molida

- Una pimienta molida

- medio jalapeño molido sin la semilla

- orégano al gusto

- Sal al gusto

- 1 hoja de laurel

- un pedacito de jengibre molido. .

ENSALADA Un cuarto de libra de espinaca, un cuarto de libra de brócolis y dos tomates. Use el mismo sazon anterior.

POSTRE Un helado hecho por usted.

3   tasas de leche 1 % 4 cucharadas de maicena, canela al gusto, vainilla al gusto y azúcar marrón o miel de abeja al gusto.

REFRESCO Ponche de 1 manzana, un melocotón, 7 fresas, medio limón, miel de abeja al gusto, canela y vainilla y 5 tazas de agua

34. ARROZ CON LANGOSTA Y LECHE DE COCO.

- 1 libra de arroz se pone a cocer hasta ablandar.

- La leche de un coco, se le echa al arroz

- 1 cola de langosta molida, se saca toda la impureza y se pone en el jugo de limón y vinagre orgánico de cidra por una hora antes de echarla al arroz

- 2 limones

- media cebolla

- 2 dientes de ajo molido

- un jalapeño sin semilla

- 3 cucharadas de aceite fino extra virgen

- 1 hoja de laurel

- 6 alcaparras molidas

- sal del mar al gusto

Se echa al arroz ya cocido y se pone al fuego por 10 minutos.

ENSALADA: Lechuga romana, 2 tomates, 6 rábanos.

POSTRE: 2 batatas dulce, 2 cucharadas de miel de abeja, canela y vainilla al gusto y al homo hasta ablandar.

REFRESCO: una manzana, 1 limón, 5 tazas de agua, miel de abeja al gusto y pone todo esto en la licuadora.

35. ARROZ CON PAVO MOLIDO Y LECHE DE COCO Y CALABAZA

- 1 libra de arroz se pone a cocer hasta estar cocido

- Media libra de pavo molido, se pone a freír con sazón de ajo, ají, y cebolla y se une al arroz

- medio jalapeño

- media cebolla

- una ramita de romero

- Se le echa al arroz ya cocido.

- La leche de un coco

- Media libra de calabaza

- dos tomates.

ENSALADA Repollo molido, 7 rábanos alrededor, 12 aceitunas.

SAZON use el que has usado anteriormente.

Postre Un helado casero de leche 1 % con maicena al gusto,

Miel al gusto, vainilla y canela al gusto y se pone a hervir por 13minutos, luego de enfriarla se pone en la congeladora.

36. ARROZ CON ALMENDRA, COCO Y BROCOLIS

- 1 libra de arroz se pone a cocer hasta ablandar

- Un cuarto de libra de almendra. Se pone a ablandar con el arroz

- La leche de un coco

- Un cuarto de libra de brócolis picadito

- Medio ají

- 3f diente de ajo

- Medio jalapeño

- Sal del mar al gusto

- Media cebolla bien molida

- jengibre al gusto

- 3 alcaparras molidas

- Un cuarto de cucharadita de orégano.

Se echa al arroz y la almendra ya blandito y

Se pone al fuego por 10 minutos.

ENSALADA lechuga romana y tomates con 10 aceitunas y 6 rabanos. Use el sazón anterior.

Postre Fresa, manzana, banana, pera y una naranja en pedazos. REFRESCO. Una batida de papaya y mango, miel al gusto y 3 tazas de agua.

ARROZ CON QUESO Y CALABAZA

- 1 se pone a hervir hasta ablandar

- Media libra de calabaza picadita

- Media libra de queso de leche 1% picado en pedazo pequeño y se lo echa al arroz 5 minutos antes de estar cocido completo.

- ají picado en pedazo pequeño

- grano de ajo molido

- Media cebolla bien molida

- 7 cucharadas de aceite fino extra virgen

- Sal del mar al gusto.

Se echa todo esto al arroz ya cocido por 7 minutos más.

Y se pone al fuego por 17 minutos.

ENSALADA Media libra de brócolis hervido por 10 minutos Con media libra de repollo 7 rábanos. Use el mismo sazón de antes.

Postre: Media libra de papaya, media libra de dulce de guayaba póngale encima de la guayaba un pedacito de queso bajo en colesterol.

38. ARROZ PAELLA A LA FRANCESA

- 1 libra de arroz,

- Una cola de langosta,

- Un cuarto de libra de camarones,

- Un cuarto de libra de almeja,

- Un cuarto de libra de jaiba. Se limpian y se pone en jugo de limón, sal al gusto,

- 2 pimientas molidas

- 1 malagueta molida

- 2 granos de ajo molido

- media cebolla

- cilantro al gusto

- sal al gusto.

Se pone por una hora en un plato. Luego se la echa al arroz con 5 cucharadas de aceite fino extra virgen con 8 aceitunas; cuando el arroz esta a medio cocer. Lo pone al fuego por 11 minutos. Ensalada, postre y refresco del plato 23.

Refresco Jugo de manzana.

39. ARROZ CON APIO Y POLLO

- 1 libra de arroz se hierve

- 5 ramas de apio en pedazo

- libra de pechuga limpia sin escama. Se fríe y se le echa al arroz con el apio. Se le echa los siguientes ingredientes:

- dientes de ajo

- 1 jalapeño sin semilla bien picado

- Media cebolla picada,

- 6 aceitunas

- 2 pimientas molida

- El jugo de 2 tomates para darle color

- 2 onzas de calabaza molida.

- Sal del mar al gusto.

ENSALADA Lechuga romana, repollo hervido en medio y acelga.

POSTRE 2 batatas dulce al horno con 2 cucharadas de miel de abeja canela y vainilla al gusto.

REFRESCO El jugo de dos limones, 4 taza de agua, el jugo de 2 manzana y miel al gusto.

40. ARROZ GUIZADO CON BERENJENA

- 1 libra de arroz

- 5 cucharadas de aceite fino extra virgen

- 1 ají molido

- media cebolla morada bien picada

- 3 dientes de ajo Molido

- Sal del mar al gusto

- el jugo de 2 tomates

- un cuarto de cucharada de orégano

- Jengibre al gusto

- 10 aceitunas.

- Todos estos ingredientes se le echan al arroz, 10 minutos antes de estar cocido.

- 1 libra de berenjena, cortada en rebanada, se entra en clara de huevo y se le pone ajos, cebolla, sal al gusto, y se pone al horno por 22 minutos para servirse en el plato con el arroz.

se bate, se echan las rebanadas de berenjena y se ponen el horno O a freír en aceite fino extra virgen.

ENSALADA Lechuga criolla, Espinaca, y tomate.

SAZON anterior.

REFRESCO Y POSTRE, escoja uno de los antriores.

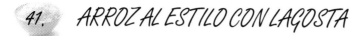

41. ARROZ AL ESTILO CON LAGOSTA

- 1 libra de arroz

- 2 colas de langosta limpia y molida. Se fríe 3 minutos y luego lo echa al arroz.

- 1 zanahoria picada en pedazo pequeños

- Vinagre orgánico de cidra

- Un cuarto de libra de camarones. Se pica en pedazos de media pulgadas, Se pone en un plato con el jugo de

- 2 limones

- 2 granos de ajo

- 1 cuarto de cucharada de bija

- media cebolla

- 6 alcaparras molida

- 7 cucharadas de aceite extra virgen

- sal al gusto

- medio ají

Se pone en un plato por hora y media antes de echarlo al arroz. Luego lo echa al arroz cuando este está a tres cuarto cocido. Le pone 5 cucharadas de aceite fino extra virgen por 12 minutos Ensalada, postre y refresco del plato 36.

42. ARROZ CON PALMITO Y POLLO MOLIDO

- 1 libra de arroz

- Media libra de palmito, lo parte en pedazos pequeños y lo echa al arroz.

- Media libra de pechuga de pollo molida, lo sofríe y lo echa al arroz.

- 1 jalapeño molido

- 3 dientes de ajo molido

- Medio ají

- Una cebolla molida

- 6 cucharadas de aceite fino extra virgen

- 2 hojas de laurel

- 1 ramita de romero

- El jugo de 2 tomates sin semilla, para dar color

- Sal del mar al gusto.

Se sofríe el pollo molido con un poquito del sazón ya mencionado

Por 3 minutos. Entonces se echa al arroz con el palmito y todos los

Ingredientes. Se pone al fuego hasta estar en punto cocido.

ENSALADA Lechuga romana adornada de 10 aceitunas sin semilla,

Una cebolla morada picada en rebanada y 2 tomates.

El sazón que se ha venido usando anterior.

POSTRE 3 batatas dulce con miel al gusto, vainilla natural al gusto.

REFRESCO Papaya, 3 tazas de agua, miel al gusto y un limón.

43. ARROZ CON PALMITO Y CAMARONES

- 1 libra de arroz

- Media libra de palmito picado y lo pone junto al arroz

- Media libra de camarones, se pone 5 minutos con el jugo de

- 2 limones

- 2 dientes de ajo

- media cebolla picada

- un jalapeño sin semilla picado, se sofrie con

- 7 cucharadas de aceite fino extra virgen

- sal al gusto

Se mezcla con la media libra de palmito bien picado. Lo sofríe se pone al fuego con el arroz hasta estar cocido.

Ensalada, Lechuga romana, brócolis, y zanahoria. Use el sazón usado anterior.

Postre. Papaya con dulce de guayaba.

Refresco: Jugo de 2 limones 3 taza de agua, canela al gusto, vainilla al gusto, miel al gusto.

44. *ARROZ, PALMITO, TUNA FISH Y CALABAZA*

- 1 Libra de arroz se pone a cocer

- Un cuarto de libra de palmito picado en pedacito

- Media libra de calabaza picada en pedacito

- 1 lata de tuna

- Un jalapeño sin semilla y picado en pedazo pequeño

- Media cebolla picada

- 3 dientes de ajo

- 6 aceitunas

- El jugo de un limón

- sal al gusto.

Se echa todo esto al arroz ya blandito y se pone al fuego por 1 13 minutos.

ENSALADA Acelga, 2 tomates 8 rábanos.

Sazón del que se ha estado usando anteriormente.

Postre 12 fresas y papaya.

REFRESCO Jugo de 2 naranja con 3 tazas de agua, miel al gusto y cascara de limón.

45. *ARROZ CON PECHUGA DE POLLO Y BRÓCOLIS*

- 1 libra de arroz se pone a cocer hasta estar cocido

- Media libra brócolis, primero le pone ajos, cebolla, pimienta, jalapeño al gusto, lo sofríe por 3 minutos y lo echa al arroz

- 2 pechuga de pollo sin pellejo, se sofríe y lo echa al arroz

- 1 limón

- Vinagre de cidra orgánico al gusto

- media cebolla molida

- 2 dientes de ajo molido

- Medio ají molido

- 1 hoja de laurel

- Sal al gusto

- 8 cucharada de aceite extra virgen

Cuarto de libra de brócolis molido.

ENSALADA Lechuga y tomate con 12 aceitunas. Use el sazón que ha usado anteriormente.

POSTRE Dulce de guayaba con queso de leche 1 %

REFRESCO Jugo de 3 manzanas, 4 tazas de agua, miel al gusto, canela al gusto.

46. *ARROZ CON ALMEJAS*

- 1 libra de arroz a cocer hasta ablandar

- 1 libra de almejas se ponen 2 limones, ajo, cebolla, orégano, vinagre de cidra, al gusto. Se deja por una hora y luego se sofríe y se echa al arroz.

- El jugo de dos tomates para darle color

- 1m limón

- Media cebolla molida

- 3 granos de ajo

- Un jalapeño sin semillas

- 1 hoja de laurel

- 2 pimientas molidas

- sal al gusto

- 6 cucharadas de aceite extra virgen.

Se echa todo esto al arroz ya cocido y se pone al fuego por 10 minutos.

ENSALADA Lechuga romana, 3 tomates, 10 aceitunas y el sazon anterior.

Postre opcional. 2 batatas dulce con miel al gusto. Refresco Jugo de limón con miel al gusto y 4 tazas de agua.

47. ARROZ CON PAVO MOLIDO, CALABAZA

- 1 libra de arroz

- Media libra de pavo molido y limpio, se sofríe y se echa al arroz

- 2 dientes de ajo

- Media cebolla

- 9 aceitunas molidas

- Un jalapeño molido

- Orégano al gusto

- 6 cucharadas de aceite extra virgen

- Sal al gusto.

Ensalada, postre y refresco del plato 24 o 25.

48. ARROZ CON CONCHA Y VEGETALES

- 1 libra de arroz

- Medias libra de concha la pone una hora antes de cocinarla en un plato con

- El jugo de 2 limones

- 2 hojas de laurel

- media cebolla morada bien picada

- 3 dientes de ajo molido

- un jalapeño sin semilla bien picado

- orégano al gusto

- 2 pimientas bien molida.

Después de una hora echa todo esto a cocer Con el arroz y 5 cucharadas de aceite fino extra virgen, hasta cocer.

ENSALADA Acelga, tomate, y 10 aceitunas. Sazón usado anterior

Refresco Jugo de dos limones, Canela al gusto y vainilla al gusto y 4 tazas de agua filtrada y miel al gusto.

Postre Arroz con dulce. Un cuarto de libra de Arroz se pone a cocer, Luego al estar cocido, le echa 2 tazas de leche 1% Miel al gusto. Canela al gusto, y vainilla al gusto. Al fuego por 15 minutos.

49. ARROZ SAZONADO Y ALBONDIGA DE PAVO.

- 1 libra de arroz

- 9 cucharadas de aceite fino Extra virgen

- 2 dientes de ajo

- Medio ají

- Media cebolla

- Medio jalapeño

- Orégano al gusto

- 12 aceitunas

- Media libra de pavo molido para la albóndiga. Se toma del sazón ya preparado y se mezcla con la carne molida, con una onza de maicena y se hacen las albóndiga

Ensalada. Pepino, zanahoria, Ají y tomate. Use el sazón que se ha venido usando anteriormente.

Postre. Un duce de batatas como sigue:

3 batatas se hornean y luego la machaca con un tenedor grande.

Le echa lo siguiente: 1 taza de leche 1% 2 cucharadas de aceite fino extra virgen, miel al gusto, vainilla al gusto y canela al gusto. Se pone al horno por 14 minutos.

Refresco Batida de 1 manzana, 2 peras y un limn, 3 tazas de agua, miel al gusto y canela al gusto.

50. TORTA DE ARROZ, TRIGO, PAVO Y VEGETALES

- 1Media libra de arroz

- Un cuarto de libra de trigo en grano. Se pone en agua 6 horas

- Media libra de pavo molido. Este debe sofreírse 3 minutos

- I chayote picado

- un cuarto de libra de calabaza

- un ají picado

- Un tomate picado sin semilla

- 3 dientes de ajo, media cebolla,

- Una hoja de laurel

- 8 aceitunas de las grande sin semillas

- un jalapeño sin semilla

- Cilantro al gusto

- sal al gusto.

- Aceite extra virgen al gusto

Este es un gran plato muy alimenticio.

ENSALADA 8 rábanos, 8 alcaparras, 2 tomates sin semillas y brócolis.Use el sazón usado anteriormente.

Postre 6 cucharadas de maicena, 1 taza de leche 1 % dos taza de agua, miel al gusto, vainilla al gusto, canela al gusto, 3 cucharadas de pasas. Se pone al fuego lento hasta cuajar.

REFRESCO DEL PLATO ANTERIOR

ARROZ, FRIJOLES Y VEGETALES

51.

- 1 libra de arroz

- Media libra de frijoles redonditos. en agua fría por 3 horas antes de ablandar. Luego lo ablanda antes de echarlo en el arroz.

- Media libra de calabaza bien picada. Las echa después que el arroz está medio cocido.

- 1 onza de repollo morado

- 2 tomates sin semilla

- un ají grande picado en pedazos pequeños

- 3 granos de ajo molido

- Romero al gusto

- un chayote bien picado

- Una onza de pechuga molida y frita sin aceite, la echa al arroz para gusto

- sal del mar al gusto

- 9 cucharadas de aceite fino extra virgen

- cilantro al gusto.

ENSALADA Lechuga romana, acelga, 7 rábanos, 8 aceitunas grande y 6 alcaparras. El sazón el que ha usado anteriormente.

Postre y refresco de los anteriores platos, el que más guste.

52. *ARROZ SEMILLAS Y VEGETALES*

- 1 Libra de arroz

- Un cuarto de libra de almendra

- 2 onzas de semillas del sol,

- 2 onzas de semillas de cajuiles (Marañón) Debe de tostarla antes de echarla a cocer con el arroz.

- Un cuarto de libra de calabaza

- un ají grande

- 2 zanahorias bien picada

- 2 onzas de brócolis

- 2 tomates

- 3 dientes de ajo

- media cebolla

- 1 pimienta

- 2 alcaparra

- 9 cucharadas de aceite fino

- sal del mar al gusto.

Echa todo esto al arroz cuando está a medio cocer.

Con este plato, la ensalada es opcional, pues tiene todos los vegetales necesarios.

POSTRE. Use el mismo que se uso en el plato anterior.

REFRESCO También use el que uso en los platos anterior.

53. *ARROZ CON CHORIZOS HECHO POR USTED*

- 1 Libra de arroz. Haga los chorizos con los siguientes:

- 1 libra de pollo molido

- un cuarto de libra de pavo molido

- 2 onzas de maicena

- 1 onzas de trigo en grano

- Los pone en agua 4 horas antes de molerlo

- 3 dientes de ajo molido

- 2 pimientas molidas

- 2 malaguetas molida

- jengibre al gusto

- sal del mar al gusto

- 1 jalapeño sin semilla

- un cuarto de cucharada de orégano

- cilantro al gusto

- 6 aceitunas molida

Compre las tripas de los chorizos en la tienda de salud. Hace una masa y la amasa como si estuviera haciendo pan. Entonces hace la forma de chorizo. Luego lo pone al homo por 20 minutos, y luego lo echa al arroz por 5 minutos par darle gusto al arroz.

ENSALADA, POSTRE Y REFRESCO, use el que más le guste de los platos anteriores.

54. ARROZ CON FRIJOLES, CHORIZO

- 1 libra de arroz

- Media libra de frijoles, póngalo en agua 4 horas antes de ablandar, Use la receta de los chorizos del plato 53 y siga el mismo procedimiento.

- Los próximos ingredientes son para echarlo al arroz

- Un cuarto de libra de calabaza bien picada

- 1 ají pequeños

- un chayote bien picado

- 1 onzas de brócolis

- una onza de repollo

- 2 dientes de ajo

- media cebolla

- orégano al gusto

- sal del mar al gusto

- 6 cucharadas de aceite extra virgen.

Echa todo esto al arroz, pero los chorizos los echa ya cuando el arroz esta casi cocido.

USE LA ENSALADA, REFRESCO; POSTRE Y REFRESCO DEL PLATO 36

55. ARROZ TOMATE Y MOSARELLA Y ALMENDRA

- 1 libra de arroz se pone a hervir hasta estar cocido'

- Media libra de mozarela, la pone al arroz después de este estar cocido. La parte en pedazos pequeños.

- Un cuarto de libra de almendra

- 3 dientes de ajo

- un jalapeño sin semillas

- el jugo de 2 tomates para darle color

- medio ají bien picado

- sal al gusto

- orégano al gusto

- 2 pimientas molida

- 8 cucharadas de aceite fino extra virgen

ENSALADA, POSTRE Y REFRESCO DE LOS PLATOS ANTERIORES.EL QUE MÁS LE GUSTE A USTED,

56. LOCRIO DE ARROZ CON BACALAO

- 1 Libra de arroz

- 3 cuarto de libra de bacalao, lo pone en agua dos horas antes de echarlo al arroz, Luego lo lava 3 veces para sacarle la sal. Lo echa al arroz a hervir, con los ingredientes que sigue:

- 12 aceitunas

- 4 alcaparras molida

- un jalapeño sin semillas molido

- 3 dientes de ajo

- 6 cucharadas de aceite fino extra virgen

- sal al gusto

- Media cebolla.

ENSALADA, POSTRE Y REFRESCO DEL PLATO 33

57. ARROZ, FRIJOLES OJO NEGROS Y PAVO O POLLO MOLIDO.

- 1 libra de arroz,

- 3 cuartos de frijoles ojos negros, lo pone a cocer hasta estar cocido y lo echa al arroz.

- Media libra de pechuga de pavo o pollo, lo sofríe por 10 minutos y lo pone a hervir con el arroz y los frijoles, con los siguientes ingredientes y vegetales:

- Un cuarto de libra de calabaza picada en pedazos pequeños

- 5 alcaparras molidas

- 3 dientes de ajo molidos

- media cebolla molida

- un ají molido

- sal al gusto.

PARA ENSALADA, POSTRE Y REFRESCO USE EL DEL PLATO 33.

58. *ARROZ, CHORIZOS Y GANDULES*

- Libra de arroz

- latas de gandules

- Medio ají bien picado

- Media cebolla picada

- 3 dientes de ajo

- romero al gusto

- 2 hojas de laurel

- Sal al gusto

- 5 cucharadas de aceite fino extra virgen

- 2 onzas de calabaza bien molida después de cocida para dar color

- 5 Chorizos de la receta del plato 52

USE LA ENSALADA, POSTRE Y REFRESCO DE LOS PLATO ANTERIORES

61. ARROZ CON ABAS POLLO Y VEGETALES

- 1 libra de arroz,

- Media libra de habas, debe ponerla en agua fría por 4 horas antes cocerla. Entonces la echa al arroz.

- 1 libra de pollo, debe sazonarlo y sofreírlo por unos 10 minutos antes de echarlo al arroz.

- 1 jalapeño sin semillas y picado.

- 6 alcaparras molida

- 3 dientes de ajo molido

- media cebolla picada

- El jugo de 1 tomates,

- 2 pimientas molida

- orégano al gusto

- sal al gusto.

- 7 cucharadas de aceite extra virgen

Ponga todo esto con el polio ya sofrito a cocer por 26 minutos.

Use la ensalada, postre y refresco del plato 32

62. ARROZ JUEYES MOLIDO Y VEGETALES

- Media libra de jueyes ya limpio, lo pone por una hora antes de echárselo al arroz en jugo de limón, ajo cebolla y orégano al gusto. Lo sofríe por 5 minutos y luego lo echa al arroz.

- 1 libra de arroz

- 2 limones

- 2 dientes de ajo

- un jalapeños sin semillas

- 1 hoja de laurel

- 1 pimienta molida

- 1 malagueta molida se lo echa al arroz con

- 6 cucharadas de aceite fino extra virgen

- media cebolla

- 2 onzas de calabaza y la muele para darle color.

Lo pone a hervir por 30 minutes.

Use la ensalada, postre y refresco de los platos anteriores.

63. SOPA DE ARROZ, POLLO Y VEGETALES

Aunque es sopa, se convierte en un plato de comida sin necesitar otro.

- Media libra de arroz

- 1 libra de pechuga de pollo, se pone a ablandar hasta quedar cocido y luego se echa el arroz hasta ablandar, entonces se echan los vegetales y el sazón.

- 1 cuarto libra de calabaza

- Un cuarto de libra de vainitas de frijoles fresca

- agua al gusto

- 2 onzas de repollo

- Medio ají picado

- media cebolla

- 2 granos de ajo

- orégano al gusto

- sal al gusto

- 5 cucharadas de aceite extra virgen

- un chayote bien picado

Use la ensalada, el postre y el refresco de los platos anteriores .

64. ARROZ JAIVA Y VEGETALES

- Media libra de arroz

- media libra de calabaza

- media libra de jaiba debe de sofreírla primero por 3 minutos y la une al arroz

- ajo al gusto

- cebolla al gusto

- un ají

- cilantro al Gusto

- un chayote

- media libra de yautía

- media libra de yuca bien picada

- Sal al gusto

- el jugo de un limón

- 3cucharadas de aceite extra virgen.

Ensalada, postre y refresco, use el del plato 52.

65. ARROZ CON JUGO DE LANGOSTA Y

VEGETALES

- 1 Libra de arroz

- 2 cola de langosta, la muele bien molida, antes de echarla al arroz la echa en un plato por una hora, con el jugo de 2 limones, orégano pimienta y cebolla al gusto

- Media Cebolla

- Ajo molido

- 1 chayote picado en pedazos pequeños

- 2 pimientas molida

- 1 hoja de laurel

- 2 tomates para color molido

- 2 onzas de calabaza

- 3 onzas de yautía

- 2 onzas de repollo picado en pedazo pequeño

- sal al gusto

- 8 cucharadas de aceite extra virgen. Se ponen a hervir con el arroz por 30 minutos.

Use la ensalada, postre y refresco del plato 42, u otras.

66. ARROZ CON POLLO BROCOLIS MOLIDO

- 1 libra de arroz. Puede usar la cantidad que usted quiera.

- Una libra de pechuga de pollo picada en 4 pedazo y sofreírla por 8 minutos y luego la echa al arroz

- Un cuarto de libra de brócolis sin el tallo. Antes de echarlo al arroz póngalo en un plato por 15 minutos con un limón,

- Sal al gusto

- 3 granos de ajo

- medio ají

- 2 pimientas

- media cebolla

- un ramito de romero

- 6 aceitunas

- 3 alcaparras molidas

- 8 cucharadas de aceite extra virgen.

Lo pone todo al fuego con el arroz y la pechugas, por 32 minutos.

Use la ensalada, Postre y refresco del plato 40 u otros

67. ARROZ CON POLLO ASADO Y CALABAZA

- 1 Libra de arroz

- 1 libra de pechuga de pollo, lo sazona con ajo al gusto y jengibre, lo pone a hornear hasta estar cocido. Luego parte en pedazos las pechugas y 1a echa a cocer con el arroz,

- con media libra de calabaza picada en pedazos medianos

- 1 diete de ajo

- media cebolla bien molida

- un jalapeño sin semilla y bien picado

- sal al gusto

- 6 aceitunas

- 5 alcaparras,

- 7 cucharadas de aceite extra virgen.

Use la ensalada, postre y refresco del plato 56.

68. ARROZ GUISADO CON QUIPER

- Media libra de arroz. Se pone a cocer primero

- UN AJI

- MEDIA CEBOLLA

- 3 GRANOS DE AJO

- 2 ONZA DE CALABASA

- ACEITE FINO AL GUSTO

- SAL AL GUSTO.

El quiper se hace de la siguiente forma:

Media libra de trigo en grano molido, se pone en agua 12 horas antes de hacer la masa. 4 ramas de yerba buena bien molida, 4 malaguetas bien molida, 6 cucharadas de aceite fino extra virgen, media cebolla bien molida, 4 pimienta molida, medio jalapeño bien molido, medio ají molido. Se mezcla con el trigo molido y se pone a moler en una moledora o en una licuadora y se hace una masa se hace un surullo y se le entra carne de pollo o de pavo o de vaca bien molida y sal al gusto. Se pone al horno hasta cocer. Se sirve con el arroz guisado.

Ensalada, postre y refresco del plato 47u otra.

69. ARROZ CON SEVICHE DE SALMON

- 1 libra de arroz se cocina con estos ingredientes como sigue:

- Cilantro al gusto

- 2 limones

- 2 pimientas

- media cebolla bien picada

- un pedacito de jengibre bien molido o el jugo

- 2 granos de ajo bien molido

- sal al gusto

- 9 cucharadas de aceite extra virgen.

El seviche N.Y. se hace de la siguiente manera:

1 Libra de Salmón bien picado,

3 limones, 3 pimientas molida, media cebolla picada, 8 cucharadas de Vinagre cidra orgánico, 4 granos de ajo molido, 2 pimientas molida, Cilantro al gusto, 1 jalapeño molido, sal al gusto. Lo deja 2 horas. Lo puede comer así o lo pone al fuego por 10 minutos y se sirve con el arroz.

Refresco de Limón, fresa y naranja, 5 tazas de agua y se pone en la licuadora.

70. *ARROZ COMO POSTRE ESPECIAL*

- Libra de arroz lo pone a ablandar súper blandito luego echa lo siguiente:

- tazas de leche 1% un cuarto de libra pasa

- canela y vainilla al gusto

- miel de abeja al gusto

- una cascara de limón

- un poquito de jengibre

- 2 cucharadas de maicena

- Pasa al gusto

- 3 cucharadas de leche condensada

bate con una cuchara hasta que la maicena cuaja. Lo que sobre lo guarda en la congeladora para otro día.

71. ARROZ CON GUINEA

- 1. Libra de arroz

- 1 guinea mediana Esta es una carne muy deliciosa. Esta ave se parece a una gallina. Se debe sofreír primeramente por 10 minutos. Luego echarla al arroz cuando esta hirviendo, con los siguiente :

- 2 granos de ajo molido

- media cebolla

- un jalapeño

- 2 pimientas molida

- sal al gusto

- 2 cucharadas de aceite fino extra virgen

- 4 alcaparras molidas

- orégano al gusto.

Ensalada, postre y refresco de los platos anteriores.

72. ARROZ CON MAIZ Y POLLO Y OTROS VEGETALES

- 1   Libra de arroz

- El maíz de dos mazorcas,

- 2 pechugas de pollo limpia, picada en pedazos pequeños, sofríe por 7 minutos

- ajo al gusto

- cebolla al gusto

- 2 hojas de laurel

- cilantro al gusto

- Sal al gusto

- 6 aceitunas

- 3 cucharadas de aceite fino extra virgen

- 2 onzas de calabaza bien picada

Se echa todo al arroz hasta estar cocido.

Use la ensalada, postre y refresco de los platos anteriores.

73. ARROZ CON SALSA DE PAVO Y POLLO

- Libra de arroz

- 3 onzas de pollo y 2 onzas de pavo molida y se hace una salsa con

- el jugo de tomates

- 2 dientes de ajo molido

- cebolla molida al gusto

- medio jalapeño molido

- 2 cucharadas de aceite fino extra virgen

- 1 hoja de laurel

- jengibre al gusto

- una taza de agua

y se pone a cocer por 10 minutos y luego se echa al arroz hasta cocer.

Ensalada, postre y re fresco del plato 41.

74. ARROZ CON GALLINA Y ALGUNOS VEGETALES.

- 1 libra de arroz

- 1 gallina pequeña o la mistad de una. Debe de sazonarse con lo siguiente:

- 3 dientes de ajo molido

- un jalapeño molido

- media cebolla molida

- orégano al gusto

- jengibre al gusto

- 4 alcaparras molida

- 5 aceitunas molida

- sal al gusto.

Se pone a hornear hasta estar cocida, se parte en varios pedazo y se echa con el arroz y la salsa. Para Noche Buena o para día de Acción de gracias. Use la ensalada, postre y re fresco de los platos anteriores.

75. ARROZ CON HÍGADO DE POLLO Y VEGTALES

- libra de arroz se pone a cocer antes de echarle el hígado de pollo

- Media libra de hígado de pollo se pone a hornear con los siguiente:

- 2 granos de ajo molido

- un jalapeño molido

- sal al gusto

- media cebolla molida

- 2 hojas de laurel. Cuando esta cocido, se echa al arroz con la salsa

- 7 aceitunas

- un cuarto de libra de calabaza

- 2 tomates molido

se pone al fuego con el arroz ya cocido, lo pone por 10 minutos.

La ensalada, postre y refresco dl plato 26.

76. ARROZ AL ESTILO DE PIZZA

- 1 libra de arroz, se pone a cocer con lo siguiente:

- Ajo al gusto bien molido

- cebolla al gusto bien molida

- un jalapeño bien molido

- 6 aceitunas bien molida

- 3 alcaparras bien molidas

- Aceite fino extra virgen al gusto

- Media libra de queso de leche 1%

- 1 taza de leche de almendra

El queso se corta en pedazo bien pequeño y se le echa arriba al arroz ya cocido y se pone al fuego por 5 minutos. Use la ensalada, Postre y refresco del plato 22

77. ARROZ CON LONGANIZA

- 1 libra de arroz.

- media cucharada de orégano

- 3 pimientas molidas

- 3 malaguetas molidas

- 3 granos de ajo

- un cuarto de cebolla

- sal al gusto

- el jugo de un limón.

La longaniza es un tipo como si fuera chorizo y es hecha de carne de cerdo, pero en este plato vamos a usar pechuga de pollo media libra y de pavo media libra molido. En vez de embutirla en tripa de vaca, la hacemos sin ella, usando los ingredientes para que tenga el sabor a longaniza embutida en tripa. Toma las dos carnes molida,

La pone en un salten a cocinar por 7 minutos con 1 cucharada de aceite fino extra virgen. Luego lo echa a cocer con el arroz hasta estar cocido.

Ensalada, postre y refresco del plato 34

78. ARROZ CON MOLLEJA DE POLLO Y VEGETALES

- 1 libra de arroz

- 1 libra Media libra de molleja de pollo, se sazona primero y se pone al horno por 15 minutos y luego se echa al arroz a hervir.

- Media cebolla

- 2 granos de ajo

- 3 alcaparras

- cilantro al gusto

- Medio ají picado

- sal al gusto.

- 7 cucharadas de aceite fino extra virgen

- 2 tomates molido para color

- una onza de calabaza bien molid

Use la ensalada, postre y refresco del plato 39u otro.

79. EL SUPION CRIOLLO DE ARROZ

- Media libra de arroz

- 4 muslos y 4 alas de pollo. Primero se pone a sofreír con ajo y cebolla al gusto por 7 minutos, luego se le echa al arroz con

- 3 onzas de calabaza

- un chayote

- media libra de yuca picada

- 2 papas color morada

- un ají bien picado

- un jalapeño bien picado

- el jugo de 2 tomates

- sal al gusto

- 6 cucharadas de aceite exrtra virgen

se pone a cocer hasta ablandar.

Ensalada, postre y refresco del plato 18.

80. ASOPADO DE ARROZ Y PECHUGA DE GUINEA

- Media libra de arroz

- 2 pechugas de guinea. Este es un aves parecida a la gallina. La corta en 8 pedacitos, lo sofríe por 9 minutos y lo echa al arroz.

- 1 ají

- 2 diente de ajo

- 1 cebolla

- 4 cucharadas de aceite fino

- un jalapeño

- 6 aceitunas

- 2 tomates

- 2 hojas de laurel

Use la ensalada, postre y refresco del plato 30.

81. ARROZ CON MACARELA Y CALABAZA

- 1 libra de arroz se pone a cocer con media libra de calabaza y 2 onzas de brócolis, hasta estar cocido.

- Media libra de macarela fresca, se limpia y saca las espinas con mucho cuidado para no dejar espinas. Se parte en pedacito se pone el jugo por 12 minutos y se echa al arroz, con lo siguiente:

- un limón

- media cebolla bien picada

- 2 granos de ajo picadito

- 1 pimienta bien molida

- un ají

- un jalapeño

- orégano al gusto

- sal al gusto

- 6 cucharadas de aceite extra virgen

Use la ensalada, postre y refresco del plato 23.

82. ARROZ CON CHICHARRONES DE POLLO Y BRÓCOLIS

- 1 libra de arroz

- 1 libra de pechuga de pollo, la pica en 8 pedazos, sazón del mismo del arroz y se pone al horno por 30 minutos, luego se echa al arroz

- 2 dientes de ajo molido

- un jalapeño sin semilla

- 2 pimientas molidas

- sal al gusto

- 2 onzas de brócolis

- 2 onzas de calabaza

- 2 tomates

- sal al gusto

- 1 cebolla

La ensalada, postre y refresco del plato 43.

83. *ARROZ CON PATO*

- 1 Libra de arroz

- 1 libra de carne de pato, después de sazonarlo lo sofríe por 6 minutos antes de echarlo al arroz.

- Ajo gusto,

- 2 hojas de laurel

- media cebolla

- 5 cucharadas de aceite extra virgen

- un jalapeño

- orégano al gusto

- sal al gusto.

Se pone a cocer con el arroz hasta estar cocido.

Ensalada, postre y refresco del plato 27 o el que le guste de los platos anteriores.

84. ARROZ CON SALMON ENVUELTO EN REPOLLO

- 1 libra de arroz se pone a cocer con

- una cebolla

- un ají

- 4 granos de ajo molido

- 2 onzas de calabaza disuelta hasta cocerse.

- Tres cuarto de libra de salmón y se corta en pedazos pequeños. Debe de sazonarlo con el mismo procedimiento de los platos anteriores de salmón. se pone en el homo a fuego lento por 30 minutos

- sal al gusto,

- un jalapeño bien molido,

- cebolla al gusto,

- sal al gusto y

- limón al gusto

- Aceite extra virgen al gusto

Cuando el salmón está cocido lo une al arroz, tome hojas de repollo y la llena del arroz ya cocido, y el salmón a cada hoja hasta hacer la cantidad que le alcance. Lo pone al fuego Por 7 minutos.

Use ensalada, postre y refresco de los platos anteriores..

85. ARROZ ENVUELTO EN COLE, POLLO Y ALMEJAS

- Media libra de arroz se pone a cocer hasta estar cocido con

- 2 dientes de ajo

- una cebolla,

- Sal al gusto

- Un jalapeño

- un ají.

- Cilantro al gusto

- 7 cucharadas de aceite extra virgen

- Un cuarto de libra pollo picadito,

- un cuarto de libra de almeja y media libra de pechuga de pollo, lo sazona y luego la pone a hervir con el arroz a 350 grados por 35 minutos hasta que estén cocido. Coja la cole y la llena de arroz y hace un surullo de cada una, lo lleva al fuego por 10minutos, hasta que la cole esté tierna.

Use la ensalada, postres y refresco del plato 34.

86. ARROZ ENVUELTO EN REPOLLO, SALMON, LANGOSTA Y ALMEJA

- Media libra de arroz lo pone a cocer

- un ají,

- una cebolla

- 2 dientes de ajo

- 8 cucharadas de aceite extra virgen

- Un cuarto de libra de almejas limpias, un cuarto de libra de salmón, y un cuarto de libra de langosta. Se cortan en pedazos pequeños, se le echa el jugo de 3 limones, media taza de vinagre cidra, sal al gusto, ajo al gusto. Lo deja por una hora. Luego lo pone a hervir por 30 minutos. Y lo une al arroz ya cocido y lo pone al fuego por otros 20 minutos. Entonces toma la hoja de repollo y hace surullos con el arroz ya juntos con el salmón, almejas y la langosta.

Ensalada, postre y refresco del plato 26.

87. ARROZ ENVUELTO EN REPOLLO CON CHICHARRONES DE POLLO

- Media libra de arroz lo pone a cocer con los siguientes ingredientes:

- Una cebolla

- Un jalapeño y

- dos dientes de ajo

- 6 cucharadas de aceite fino extra virgen.

- sal al gusto,

- 2 dientes de ajo molido,

- 2 pimientas molida medio

- Ají molido,

- cilantro al gusto,

Una libra de pechuga de pollo la corta en pedazos pequeños, la sazona con ajo, cebolla , jalapeño, y sal al gusto. La pone al horno por 25 minutos o hasta que se conviertan en chicharrones. Luego lo echa en una licuadora con una taza de agua. Luego hace los surullos con la hoja de repollo, y lo pone al fuego por 8 minutos hasta que las hojas de repollo estén tierna.

En salada, postre y refresco del plato 45. U otras.

88. ASOPADO DE ARROZ, LANGOSTA Y ALMEJAS Y VEGETALES LATINA

- Media libra de arroz se pone a cocer hasta estar cocido, con

- un jalapeño,

- una cebolla,

- 2 granos de ajo,

- sal al gusto

- 2 onzas de calabaza

- 1 onza de brócolis molido

- Ajo al gusto

- 1 hoja de laurel

- 2 pimientas molida

- Cilantro molido al gusto

- 8 cucharadas de aceite fino extra virgen.

- Media libra de almejas

- Media libra de langosta

Se sofríe hasta estar cocido.

Se echa al arroz ya cocido, lo pone al fuego por 10 minutes.

Ensalada, postre y refresco del plato 30 u totro de los platos anteriores.

89. ASOPADO DE ARROZ, JUEYES (CANGREJO) Y GANDULES

- Media libra de arroz,

- Una lata de gandules,

- Media libra de jueyes ya limpio, este lo pone en un plato antes de cocinarlo, con el jugo de dos limones y vinagre de cidra y lo echa al arroz a hervir hasta que estén cocidos.

- Siempre agua al gusto

- Cilantro al gusto

- jengibre y

- 2 pimientas molida

- 1 lata de gandules,

- 7 cucharadas de aceite extra virgen,

- ajo al gusto,

- 2 hojas de laurel,

- sal al gusto,

- 5 aceitunas molidas.

Ensalada, postre y refresco, use la receta del plato 43.

90. *ARROZ CON FAISAN Y VEGETALES*

- 1 libra de arroz,

- 1 Falsan este es un ave de los mas delicioso. Este es bien caro y puede usarse este plato en día de noche buena, día de acción de gracias o cualquier día especial. Lo sazona con el sazón que echa al arroz. Lo sofríe por 5 minutos antes de echarlo al arroz.

- Un cuarto de libra de calabaza,

- un ají bien picado,

- 2 hojas de laurel,

- ajo al gusto,

- un jalapeño sin semilla y bien picado,

- 7 olivas molida,

- sal al gusto

- 25cucharadas de aceite extra virgen

- Un chayote picado en pedazo pequeños

Use la ensalada, postre, y refresco de los platos anteriores .

91. LA PIZZA DE ARROZ VEGETARIANA

- Media libra de arroz ya cocinado.

- 6 cucharadas de aceite de oliva virgen en el salten, pone el arroz en el salten. Pone queso hecho de leche de 1% encima. Luego pone encima lo siguiente:

- Dos granos de ajo molido

- 2 tomate picado,

- 1 ají picado,

- 1 cebolla picada,

- sal del mar al gusto

- orégano al gusto,

Luego pone otra capa de queso encima. Lo pone al fuego lento por 25 minutos.

LA ENSALADA, EL POSTRE Y EL REFRESCO, DE LOS PLATOS ANTERIORES.

- Media libra de arroz, con los siguiente ingredientes:

- 6 cucharadas de aceite extra virgen

- un ají picado

- 1 cebolla picada

- 3 grano de ajo molido

- bija al gusto

- Sal al gusto

- cilantro al gusto

- El jugo de 2 tomates

Un cuarto de libra de pechuga de pollo, un cuarto de libra de camarones, un cuarto de salmón, y un cuarto de libra de almejas. Lo pone en baño de 3 limones, y una taza de vinagre cidra orgánico, sal al gusto. Y lo deja por una hora. Luego lo pone al fuego lento por 20 minutos, con 5 cucharadas de aceite extra virgen. Entonces lo mescla con el arroz y los pone al fuego lento por 35 minutos. O hasta que esté cocido.

LA ENSALADA, POSTRE Y REFRESCO DE LOS PLANTOS ANTERIORES

93. *LA PIZZA AGRACIADA DE ARROZ*

Media libra de arroz se debe de lavar 5 veces y cocerlo

- 6 cucharadas de aceite extra virgen

- 2 tomates grade picados

- 1 ají grande picado

- Un cuarto de libra de brócolis

- Media libra de jamón de pavo picado en pedazos pequeños

- Un cuarto de libra de hongos

- Una cebolla grande picada

- 3 granos de ajo molido

- Una taza de leche de almendra

- 20 aceitunas

- 15 alcaparra

- Media libra de queso de leche 1%.

Ponga el arroz primero con el aceite debajo, ponga una capa de queso, entonces ponga todos los ingredientes mencionados arriba y ponga la última capa de queso y el jugo de los 2 tomates encima. Al fuego por 20 minutos o hasta cuando esté cocido.

Debe de recordar que el arroz hay que cocerlo antes.

NO ENSALADA. REFRESCO DE LOS ANTERIORES PLATOS.

94. *LA PIZA PARA LOS DOS*

- Media libra de arroz cocido

- 5 cucharada de aceite

- Una manzana bien picada sin la cascara

- Un cuarto de libra de brócolis

- Una cebolla morada picada

- 2 granos de ajo molido

- 15 aceituna

- 2 tomate grande bien picado

- Un cuarto de libra de jamón de pechuga de pollo

- 6 onzas de queso de leche 1% bien picado

- Dos onzas de calaba bien picada

- 1 pedacito de jengibre bien pequeño y bien picado.

- Orégano al gusto

- Sal del mar al gusto. Es opcional.

Se pone al fuego lento por 32 minutos.

Debe de recordar que primeramente debe de cocer el arroz. Debe siembre de lavar el arroz por lo menos cinco veces, para sacar el talco que le ponen como preservativo.

95. *LA GRAN PAELLA AMERICANA*

- Media libra de arroz cocido. Y lavarlo por lo menos 5 veces.

- Media libra de salmón bien picado

- Media libra de camarones, los pone envinagre de cidra junto con el salmón

- Media libra de almeja

- 1 cuarto de libra de macarela hispana, también la pone en vinagre de cidra juntos con los camarones y el salmón.

- Media cebolla

- Medio ají

- 6 cucharadas de aceite extra virgen

- 15 Aceitunas

- 10 Alcaparras

- Ajo al gusto

- 2 onzas de brócolis

- Una onza de ajonjolí

- Orégano al gusto

- Sal del mar. al gusto. Es opcional.

Los mariscos deben de cocinarse primero con 25 minutos al fuego. Y luego echarlo al arroz. Se pone a fuego lento por 32 minutos.

USE LA ENSALADA, EL POSTRE Y EL REFRESCO DE LOS ANTERIORES PLATOS.

96. LA PIZA DE DEL JARDIN DE ORO

- Media libra de arroz marrón cocido

- Media libra de macarela la pone en vinagre de cidra

- Media libra de queso de leche 1%

- Un cuarto de libra de jamón de pavo o pollo picados

- 3 pimientas molidas

- Una cebolla morada picada

- 2 dientes de ajo molidos

- Orégano al gusto

- 9 acucharadas de aceite extra virgen

- Sal al gusto. Es opcional

- 2 tomates picado y sin semillas

- Dos onzas de hongos

- Dos hojas de laurel

- 15 aceitunas picadas.

Se pone al horno por 30 minutos a fuego lento.

Usted puede reducirlo en un cuarto todo si la piza solo es para una sola persona. O si la hace grande, puede guardarla para otro día. Los ingredientes que se encuentran en todas estas recetas, sirven de preservativo natural.

USE LA FORMULA DE LAS PIZAS ANTERIORES.

ENSALADAS, POSTRES Y REFRESCOS DE LOS ANTERIORES PLATOS. TAMBIÉN ES OPCIONAL.

TODO EN UN SOLO PLATO

- Media libra de arroz

- 6 cucharadas de aceite extra virgen

- Media libra de jamón de pavo o pollo picados

- Un tomate

- Medio ají verde bien picado

- 10 aceitunas

- Un limón

- 3 dientes de ajo molido

- Media cebolla

- 3 onzas de calabaza

- 2 papas pequeña picada en pedazos pequeños

- Sal al gusto

- 20 almendras

- Cilantro al gusto.

- Una zanahoria picada.

- 3 onzas de vainitas fresca de frijoles

Se pone al fuego lento por 33 minutos.

Aquí ustedes tienen la comida entera, sin tener que añadirle ensalada, pues la ensalada se encuentra dentro. Todas estas recetas a la vez que lo alimenta, lo ayuda a prevenir enfermedades, ya que los ingredientes, tienen los minerales que necesita el cuerpo.

REFRESCO Y POSTRE DE LOS PLATOS ANTERIORES.

EL SABROSÓN DEL DÍA

- Media libra de arroz

- 4 pechuga de pollo, bien sazonada, se hornea primero, luego la pica en pedazos, para echarlo a hervir con el arroz

- Media cebolla picada

- 2 tomates saca todas la semillas, bien picado

- 7 cucharadas de aceite extra virgen

- Una zanahoria picada en pedazos pequeños

- 12 aceitunas

- 2 onzas de hongos picados

- Cilantro al gusto

- 2 pimientas molidas

- 3 dientes de ajo molido

- Un pedazo de jengibre pequeño

- 6 hojas de romero molido

- 6 tazas de aguas

- 2 onzas de vainita de frijoles tierna, picada

Lo pone al fuego lento por 37 minutos.

Esta es una comida que lleva una cantidad de ingrediente que a la vez que sirve de comida, ayuda al cuerpo a mantenerse en un buen estado de salud, siempre y cuando usted no abuse pasándose de los limites en su dieta. Hay personas que no tienen limite comiendo. Para esto es necesario que usted haga una visita con su doctor para que el, lo pueda enderezar.

No ensalada. Postre y refresco de los platos anteriores.

LA COMIDA DE LA FIESTA

- Una libra de arroz

- Media libra de jamón de pavo o de pollo lo pica en pedazos

- media libra de pechuga de pavo molida, se sazona y se pone en el salten por 12 minutos al fuego, luego se lo echa al arroz

- 1 zanahoria picada en pedazos pequeños

- 2 onzas de brócolis

- 2 onzas de vainitas tiernas de frijoles picada

- 7 cucharadas de aceite extra virgen

- 2 tomates picados, se le sacan todas las semillas y se parten en pedazos muy pequeños.

- Media cebolla morada picada en pedazos pequeños.

- Sal del mar al gusto

- 15 alcaparras

- 3 granos de ajo molido, no compre ajo molido muélalo usted.

- Un ají bien picado

- 6 Tazas de agua

- Una hoja de laurel

- Una rama de romero bien pequeña

Todos estos ingredientes los pone al fuego lento por 38 minutos, con el arroz, el pollo y el jamón.

Esta comida es una de las grandes comida en mi casa. Muchas veces tenemos que limitarnos, pues queremos comer más y más. Como dije anterior, hay que limitarse, pues lo demasiado en vez de ayudar lo que hace es enfermar.

100. EL ARROZ DE LA NAVIDAD

- Hornea el pavo o el pollo o el chivo, la salsa que sobra se le echa a 5 tazas de agua

- Una libra de arroz o más, dependiendo de cuantas personas van a comer.

- Un ají entero sin picar

- Una cebolla morada entera sin picar

- 2 granos entero de ajo sin moler

- Sal del mar a gusto.

- El pavo o pollo o chivo, lo sazona con orégano al gusto, ajo al gusto, jalapeño al gusto, vinagre cidra orgánico, sal al gusto. Al fuego hasta que esté cocido. Nunca coman carne, media cocida. Deje que esta esté en punto.

Después de haber hervido, saque el ají, los dos granos de ajo y la cebolla. Es necesario que el arroz quede blanco para servirlo, con el pavo o el pollo. Use una de las ensaladas que es encuentran en los primeros platos. De este libro.

UNA BEBIDA ESPECIAL

- Media libra de fresa, 2 manzanas 2 limones, miel al gusto, vainilla orgánica al gusto, media libra de uva, 8 taza de agua se pone en la batidora.

ALGUNAS SUGERENCIAS Y OBSERVACIONES DE INTERES

Las razones de usar la mayoría de los ingredientes y vegetales casi en la mayoría de los platos; es debido a que el Dr. Ronald Davison siempre decía que estos ingredientes como: el ajo, cebolla, orégano, ají, jalapeño, pimienta, limón y otros, ellos combaten las bacterias. También ayudan a combatir varias enfermedades.

A la edad de 7 años, mis padres aconsejaron a las personas que tomaban cuidado de la cocina a que me ensenaran como cocinar y como preparar las recetas de cada plato que ellos cocinaban. Tuvimos un personaje inolvidable que tomaron el lugar de la cocina por varios anos. Ellos me enseñaron a cocinar platos de comida con el tacto. Todos los platos que ellos hacían salían tan bien que cuando teníamos invitados en ocasiones de cumple años, aniversario etc. Los invitados lo alababan y lo felicitaban por el gran sabor de la comida. Esto acontecía mientras las cosas iban de viento en popa, pues llegó un momento en que las cosas se volvieron color de hormiga y tuvimos que salir hacia el exilio. Tuve la bendición que parte de este personaje salió con nosotros hacia el extranjero. Ellos siguieron enseñándome como comer y como cocinar saludablemente. Ellos no tenia titulo ni Diploma de escuela para ser este gran trabajo cocineros, pero nacieron con el regalo de la inteligencia nutricional.

La razón del por qué yo uso muchas veces la batata dulce en el postre; es porque este gran cocinero me enseñó que tanto la batata como la calabaza y la zanahoria son vegetales que contienen la mayorías de los minerales que necesitamos en el cuerpo. Según el gran nutricionista Joy Bauer el dice: " La batata dulce es un vegetal de mayor importancia, pues es muy rico en vitamina A, C, Caretona, es un gran antioxidante para proteger el cuerpo contra cáncer y contra el ataque al corazón. Y ésta cargada de potasio, el cual protege y controla la alta presión. También es bajo en caloría. Desde que aprendí todas estas cosas de mi cocinero, no he dejado de comer batata dulce cada día. Y también no he dejado de usar los ingredientes de sazón y los vegetales que el usaba. Esto me sirvió de gran bendición, en las escuelas donde por la gracia y la bendición de Dios estuve interno. Allí trabaje como cocinero para ayudarme en los pagos de mis estudios. También pude poner en práctica lo que había aprendido de mi mentor en cuanto a receta de cocina. También pude crear estas recetas que se encuentran en este humilde tratado de 100 platos diferentes de arroz. También pude leer y aprender de otros cocineros, que se hicieron grande.

A continuación van algunas recetas de postres de gran importancias para ustedes.

3 batatas medianas con sus cascara,
2 cucharadas de miel ya cuando las batatas están a medio cocer,
2 cucharadas de pasas,
3 fresas encima de cada batata ya cuando ellas están casi a punto de cocer.
Canela al gusto y vainilla.

3 batatas dulce
2 cucharadas de miel
4 almendras encima de cada batatas Pasas al gusto,
1 manzana en pedacito encima,
Canela al gusto. Se ponen a hornear hasta estar cocidas.

3 batatas,
1 onza de semillas flor del sol,
2 onzas de pasas picada en pedacitos,
2 cucharadas de miel Canela al gusto y
Vainilla al gusto. Al horno hasta estar cocida.

3 batatas
1 onza de semilla de marañón (de cajuiles)
1 cuarta parte de un mango en pedacitos
Pasas al gusto
Miel al gusto,
Canela al gusto
1 cucharada de aceite fino extra virgen.
Al horno hasta estar cocida.

3 batatas
Miel al gusto,
Aceite fino extra virgen al gusto,
Media onza de papaya picada,
Media naranja picadita
Cascara de limón al gusto
Pasas al gusto.
Al horno hasta estar cocidas.

3 batatas,
Pasas al gusto
Aceite extra virgen al gusto,
Miel al gusto,
Media onza de apricó picadita,
Canela al gusto.
Al horno hasta estar cocida.

3 batatas
6 dátiles picados,
Miel al gusto,
Jengibre al gusto,
Vainilla al gusto.
Al horno hasta estar cocida.

3 Batata
1 mandarina sin semillas y picada,
Miel al gusto,
Canela al gusto,
Vainilla al gusto y
Aceite fmo al gusto.
Al horno hasta estar cocida.

3 batatas
8 uvas picada en mistad, jengibre al gusto, miel al gusto, canela al gusto, aceite extra virgen al gusto.

3 batatas
1 melocotones en pedacitos, Vainilla al gusto,
1 onza de pasa,
4 clavos dulce, Jengibre al gusto,
Media onza de papaya picadita, Miel al gusto y
2 cucharadas de aceite extra virgen.
Al homo hasta estar cocida.

3 batatas
1 pera verde picada en pedacitos,
Media onza de pasa,
Miel al gusto, Vainilla al gusto
2 cucharadas de aceite extra virgen
Al homo hasta estar cocida.

3 batatas
2 pecimón picado, Miel al gusto, Media onza de pasa, Jengibre al gusto,
1 cucharada de aceite fmo extra virgen.
Al horno hasta estar cocido.

BIOGRAAFÍA

Julio Guzmán, ThD, es el fundador de 7 iglesias en los Estados Unidos, y de 7 iglesias en el campo misionero. También es fundador de varias instituciones benéficas, incluyendo la guardería de niños, Hispanos Unidos, en Brooklyn, New York, donde cuidan a 100 niños de uno a cinco años de edad, la mayoría de ellos de escasos recursos. En 1990, mientras estaba plantando la Primera Iglesia Metodista Libre Hispana en Orlando, Florida, también fundó la Universidad Bíblica Internacional en Orlando, Florida, la cual celebra su 22 aniversario.

El Dr. Guzmán es autor de varios libros cristianos. Ha sido escritor de columnas en algunos periódicos. El Dr. Guzmán tiene 6 hijos. Con toda la humildad posible y por la misericordia de Dios y su gran ayuda, pudo llevar a sus hijos a lograr alta educación, incluyendo dos abogados, uno sirve en el servicio ambientar como abogado Federal, y la otra es profesora de leyes en la universidad de derecho. Dos hijos son pastores sirviendo en el ministerio, una hija es maestra y una es financista. Julio Guzmán vive en Orlando, Florida con su esposa Rosa.

Para contactar al Dr. Julio Guzmán, escriba a P.O. Box 585011, Florida 32858